AF359395

MANUEL

A L'USAGE

DES 15,000 CONTRIBUABLES

A LA

CONTRIBUTION PERSONNELLE,

DE LA VILLE DE LYON.

A LYON,

1821.

AVERTISSEMENT.

Un contribuable à la taxe personnelle qui, en quatre ans de tems, sans changement d'état ni de domicile, a subi quatre cotes différentes, élevées successivement, de 15 f. à 42, à 50 et à 60, a pris enfin le parti de réclamer, parce qu'il n'y avait pas de raison pour que cela s'arrêtât. Sa réclamation, après avoir passé par les trois filières requises, a été mise au néant et sa cote maintenue, en vertu de la formule banale, imprimée d'avance, *comme régulièrement établie.* La décision étant sans appel, ce contribuable n'a eu d'autre ressource pour constater sa résistance que de faire parcourir la kirielle fiscale des avertissement, sommation, contrainte, garnisaire, saisie-exécution. Il n'a payé qu'en vertu d'un arrêté de M. le Préfet, ordonnant la vente des meubles saisis. Il réclamera de nouveau cette année, et il doit s'attendre à être maintenu, parce que quand on lutte tout seul contre un triumvirat d'autorités, il faut s'attendre à succomber ; il ne lui reste plus que la ressource de donner de la publicité à sa réclamation et à ses motifs. Les recherches auxquelles il a dû se livrer, pourront d'ailleurs servir d'instruction aux contribuables, en grand nombre, qui sont, comme lui, victimes de l'arbitraire ; il déclare que les motifs qui le dirigent, ont moins pour but de disputer sur quelque pièces d'argent de plus ou de moins, que de combattre cet arbitraire qui blesse et révolte, d'autant plus qu'il vient de plus près et de plus bas.

Ce contribuable est le soussigné :

EYNARD.

MANUEL

A L'USAGE

DES 15,000 CONTRIBUABLES,

A LA

CONTRIBUTION PERSONNELLE

DE LA VILLE DE LYON ,

*Ou Recherches sur l'état primitif et l'état actuel
de ladite Contribution.*

L'arbitraire blesse et révolte, d'autant plus
qu'il vient de plus près et de plus bas.

Il est de l'essence d'une administration municipale d'être paternelle. Depuis que la société
ne se compose plus que d'individus, qu'il n'existe
plus aucune corporation capable de prêter se-
cours et appui à chacun de ses membres attaqué
dans des intérêts communs, elle seule devrait
être chargée de défendre ceux de ses administrés
contre tous les genres d'oppression et d'envahissement auxquels ils peuvent être exposés. On ne
peut donc qu'être péniblement affecté, quand, au
lieu de la protection qu'elle leur doit, on la

voit elle-même se livrer envers eux à un système de fiscalité qui a pour but de grossir sa caisse à leurs dépens , en déversant sur eux d'une manière arbitraire et furtive, une portion de l'impôt qu'elle doit payer en entier ; je veux parler de la contribution mobiliaire , dont la mairie de Lyon fait payer une partie aux contribuables , en la déguisant sous le nom de contribution personnelle , ainsi que je vais entreprendre de le démontrer.

Dans les premiers tems du nouveau système d'imposition , ce qu'on appelait impôt mobilier, ainsi que l'attestent les feuilles d'alors , se composait de trois taxes ou cotes distinctes désignées sous les noms , 1.º de *cote personnelle* (qui rappelait l'ancienne capitation), qui était fixée pour tous les contribuables , sans distinction aucune, à trois journées de travail, évaluées, au plus haut, à 1 f. 50 c. la journée ; 2.º de la *cote somptuaire*, qui était en raison du nombre de domestiques (1) ; 3.º de la *cote mobiliaire*, qui avait pour but d'atteindre la fortune présumée du contribuable , et qui était réglée sur le pied de 10 à 12 c. par franc , de la valeur estimative donnée à son loyer. Les deux premières cotes étaient modiques , faciles à établir et peu sus-

-----

(1) Cette cote a depuis été supprimée et confondue avec la cote mobiliaire.

ceptibles de variations ; il n'en était pas de même de la 3.e ; on ne tarda pas à reconnaître combien, dans les grandes villes surtout , il était difficile de l'asseoir sur des bases certaines ; celle prise sur la valeur du loyer est vicieuse et fautive , parce que le prix du loyer n'est pas pour tous dans le même rapport avec les moyens d'existence ; ensuite cette évaluation des loyers , livrée à des subalternes incapables ou faciles à séduire , exposait à toutes les chances de l'erreur ou de l'arbitraire. Les réclamations étaient sans nombre et les redressemens rarement conformes à la justice. Les non-valeurs étaient multipliées , et les réimpositions se propageaient d'une année à l'autre. La difficulté de suivre les mouvemens de la population dans les changemens de domicile qui se renouvellent deux fois par an, de plus, les variations et les vicissitudes de fortune , fréquentes dans les grandes villes de commerce , ajoutaient aux embarras de la répartition.

Cette foule d'inconvéniens furent tellement sentis par le gouvernement d'alors , que, pour les faire cesser , il prit le parti de faire payer le contingent de la contribution mobiliaire sur le produit de leurs octrois qui furent augmentés en proportion suffisante, pour faire face à cette nouvelle dépense. La contribution personnelle , fixe et égale par sa nature , resta seule à la charge des contribuables.

Ce fut en 1806, que ce nouvel ordre de choses

commença à être établi à Lyon ; une ligne de démarcation fut tracée entre les deux contributions ; 320,000 fr. furent mis à la charge de la caisse municipale pour la mobiliaire, et 40,000 fr. furent réservés pour la personnelle, à répartir entre les contribuables ; ce qui suppose que le contingent total pour la ville était de 360,000 fr.

Dès la première répartition de la somme affectée à la contribution personnelle, on commença à déroger à cette égalité et uniformité qui constituent son essence. Au lieu de s'en tenir à la valeur des trois journées de travail, qui en a toujours été et qui en fait encore la base dans toutes les lois de finances, pour ne pas trop multiplier les rôles et rendre la besogne plus facile, on imagina de créer des classes croissantes de 5 en 5 francs pour les inférieures, de dix en dix pour les plus élevées dont le *maximum* était de 40 fr. Jusque là il n'y avait pas encore grand mal ; mais le principe une fois violé, la porte une fois ouverte à l'arbitraire, il est allé toujours en croissant, ainsi qu'on le verra bientôt.

Toutefois ce mode de répartition s'établit facilement et occasionna peu de réclamations. Le contribuable se trouvant soulagé des 7/8es environ de ce qu'il payait auparavant, ne s'apercevant pas de ce qu'il lui en coûtait en compensation, se garda bien de se plaindre.

Les cotes primitivement établies n'éprouvèrent

pas de varations sensibles pendant les premières années, car on ne peut pas appeler variations les accroissemens généraux qui furent le résultat des événemens. Ainsi, lorsque par décret du 11 novembre 1813, les contributions personnelle et mobiliaire furent doublées, les imposés reçurent leur feuille de doublement et payèrent ; la caisse municipale ne fit pas non plus de façon pour payer son contingent mobilier.

De même en 1814, le corps législatif ayant été dissout avant d'avoir voté l'impôt, le budget fut réglé par décret du 9 janvier, doubla les contributions personnelle et mobiliaire, et chaque partie payante acquitta son contingent sans mot dire.

En 1815, les deux contributions subirent 50 c. d'augmentation ; les cotes personnelles ne furent augmentées que dans le même rapport.

En 1816, les centimes additionnels s'élevèrent à 70 c. que les contribuables payèrent sur le personnel, et la caisse municipale sur son contingent mobilier (1).

Ces antécédens sont importans à constater, comme on le verra par les conséquences qui en seront déduites.

----

(1) J'ai mes feuilles de toutes ces époques, et chacun peut vérifier sur les siennes l'exactitude de ce que j'avance.

En 1817, les centimes additionnels furent portés jusqu'à 100, dont 50, sous la désignation
de centimes extraordinaires sur le principal seulement. Ce fut alors que la mairie, prévoyant
l'énormité du fardeau qui allait peser sur sa caisse,
s'avisa d'un heureux expédient pour la soulager
d'une forte partie en la rejetant sur la contribution personnelle. Ce ne fut pas moins que d'une
somme de 78,422 fr. 68 c., dont elle augmenta
tout à la fois son contingent (1) ; il fallut pour

---

(1) Je trouve l'appoint juste de cette somme, dans
le budget de 1821, chap. des recettes, art. 13, sous
le titre de :

Versemens effectués à la caisse de la ville, par M. le
receveur-général du département, en vertu d'une ordonnance du 24 mars 1819, savoir :

Sur l'excédant du rôle personnel de 1817. 78,422 f. 68 c.
Sur les fonds de non-valeur de 1818. . 13,770 49

92,193 17.

Il est vrai que cette somme de 92,193 f. 17 c. se
trouve compensée par appoint, par une somme équi-
valente, portée au chap. 7 des dépenses, art. 243, sous
le titre de régularisation des paiemens effectués en
1819, pour le complément de la contribution mobiliaire de 1817. Il paraît que c'est tout simplement une
affaire de compensation, de virement de parties ; mais
il n'en résulte pas moins que cette somme de 78,422 f.
68 c., a été d'abord mise en surcharge de la contribution personnelle, illégalement, puisqu'il a fallu avoir
recours à une ordonnance du Roi, d'abord pour la
régulariser, et ensuite pour s'en faire un titre à l'avenir.

cette répartition improvisée , augmenter le tarif des classes existantes , en créer de nouvelles , et la précipitation qui dut en être la suite nécessaire , amena le désordre et l'arbitraire. C'est en vertu de ces heureux résultats qu'on me fit faire le saut de 15 fr. à 42 fr. 20 cent.

Nonobstant cette augmentation exorbitante , les besoins de la mairie ne furent pas satisfaits , car elle sollicita et obtint , le 11 février 1818 , une ordonnance royale qui l'autorisa à imposer , en accessoire de sa taxe municipale , 18 pour cent à titre de complément de la contribution mobiliaire de 1817 qu'elle avait été en arrière de payer ou qu'elle était bien aise de faire rentrer dans sa caisse. Quoi qu'il en soit , et attendu que la taxe municipale procurait en recette annuelle sur les loyers , une somme au moins de 425,000 fr., ces 18 cent. ont dû lui produire celle de 76,500 fr. qui , avec les 78,422 fr. 68 cent. , font la somme totale de 154,922 fr. 68 cent. , dont la mairie a soulagé sa caisse aux dépens de ses administrés en 1817.

Il faut convenir que la caisse municipale ne devait pas se trouver, à cette époque , dans un état satisfaisant , à raison du déficit notable que les années 1816 et 1817 avaient fait éprouver dans le produit de ses octrois. Si la mairie eût exposé franchement sa situation , la nécessité où elle se trouvait de surcharger momentanément le rôle de la contribution personnelle ; si elle eût fait cette répartition d'après des bases régulières et mises au grand jour, les administrés auraient reconnu et supporté, sans se plaindre, la nécessité de payer ce tribut aux circonstances du moment. Si la charge se fût bornée à une année ou deux au plus, il n'y aurait rien eu à dire ; au lieu de cette marche toute naturelle, tout fut fait dans l'ombre du mystère, et les contribuables ne furent avertis de la bombe que quand l'éclat les atteignit. Mais, ce qui ne devait être que temporaire fut empreint du sceau de la perpétuité ; ce qui n'était qu'usurpation, acquit l'apparence de la légitimité.

Aucune voix d'entre les sages de notre conseil municipal ne s'éleva-t-elle pour mettre fin à cet acte d'envahissement. J'aime à croire que tous ne restèrent pas muets ; mais il me semble entendre la voix d'un disciple d'Escobar enfourché sur Basile et disant : « Un moment, Messieurs, *ce* » *qui est bon à prendre est bon à garder : tant* » *va la cruche à l'eau qu'à la fin elle s'emplit : la* » *planche est jetée ; tout impôt est tache d'huile.* » Ne faisons pas mentir le proverbe. On ne » trouve pas toujours occasion si belle ! On n'a » pas toujours si beau jeu ! Grâces à la taxe mu- » nicipale, nous connaissons au juste la valeur » de tous les loyers, c'est une base admirable ! » nous la mettrons en évidence sur nos feuilles,

(11)

» on sera tout étonné de nous trouver si bien
» instruits ! nos classes sont toutes formées ! nos
» tarifs tous montés ! Au besoin nous légitimerons
» le tout par des ordonnances ! Apprenez d'ailleurs
» à connaître la tourbe bénévole et moutonnière
» des contribuables ; ils sont accoutumés à porter
» le bât ; qu'il soit plus ou moins chargé, peu im-
» porte, s'il a la même couleur. Au surplus, vous
» êtes fondés en principe, vous avez un traité
» dont heureusement les clauses ne sont pas
» connues. Ce traité vous soumet à ne payer
» que 320,000 fr. pour la contribution mobiliaire.
» Trop long-tems vous avez payé au-delà ; il est
» tems que César reprenne ce qui est à César !
» Le moyen est bien simple ; au lieu d'articuler
» dans vos budgets que vous payez, comme
» ci-devant, la contribution mobiliaire toute
» entière, vous direz tout simplement : *rem-*
» *placement d'une partie de la contribution*
» *mobiliaire*, et personne n'y prendra garde.
» On ne lit pas vos budgets. Vous aurez ainsi une
» mine féconde à exploiter ; vous embellirez votre
» ville ; de tous côtés on applaudira au bel em-
» ploi que vous faites des deniers municipaux,
» et vos noms iront à la postérité. »

Le moyen de résister à de tels argumens ! ! !
Si ce discours n'a pas été tenu, on a au moins
agi dans son sens, et les raisons dont on s'appuye
ne sont pas autres, ainsi qu'on le verra bientôt.

Les années 1818 , 19 et 20 , ont été marquées par des oscillations et des accroissemens successifs (1). J'en ai recueilli ma part; j'ai été porté de 40 à 50 , et de 50 à 60 fr. ; comme s'il eût fallu quatre ans pour connaître la valeur de mon loyer , qui n'a pas varié comme ma cote. Si chaque année j'avais réclamé , ma cote aurait toujours été maintenue, comme régulièrement établie ; ce qui prouve au moins la commodité de la formule. Je connais beaucoup de contribuables qui ont été victimes des mêmes vicissitudes , et dont les réclamations ont éprouvé le même sort ; et il n'y a pas de raison pour que la grande majorité, dans la classe des indifférens du moins, n'ait passé par la même étamine.

Fatigué de ces variations qui pouvaient n'avoir pas de terme, je voulus en rechercher la cause, et je m'adressai à la mairie pour avoir quelques explications. Après quelques discussions, l'oracle

---

(1) Je trouve la preuve de ces accroissemens dans le budget de 1820 , chap. 2 des recettes , art. 16.

Centimes communaux à la contribution personnelle . . . . 13,897 f. 25 c.

Ce qui suppose que la taxe a produit . 138,970 f. et s'accorde, à très-peu près, à la réponse que fit cette année-là un répartiteur à un contribuable qui se plaignait amicalement à lui de l'augmentation qu'il venait d'éprouver encore : Que voulez-vous , dit-il, on nous a donné 140,000 f. à répartir.

de ce lieu me ferma la bouche, en me disant que la ville avait un traité en vertu duquel elle devait payer 320,000 fr. sur la contribution mobiliaire ; que les contingens personnel et mobilier étant confondus , tout ce qui excédait la somme portée par le traité, était pour le compte du personnel; ignorant que j'étais alors, je n'eus rien à répliquer. Mais les réflexions que j'ai faites depuis , les instructions que j'ai puisées dans des sources qu'il sera difficile de récuser , me fournissent le moyen de combattre cette autorité avec quelque succès.

Commençons par la prétendue confusion des contingens personnel et mobilier , parce que la solution de cette question me fournira des éclaircissemens pour discuter celle relative au traité.

Pour la résoudre, je n'ai besoin que d'ouvrir un petit recueil qui a pour titre : *loi du 23 juillet 1820, etc. , par M. Dulaurens directeur des contributions ; Paris* 1820 , et qui sert d'appendix à son manuel des contribuables.... De crainte de mal interpréter , je cite les propres expressions du ministre des finances.

« Le tableau de la répartition générale a pré-
» senté jusqu'à présent en masse le contingent per-
» sonnel et mobilier de chaque département.

» Le contingent est pareillement réparti en
» masse, entre les arrondissemens et les communes.

» C'est dans la commune seulement, et au mo-
» ment de la confection des rôles , que s'établit
» la distinction du contingent personnel et mo-
» bilier. Cette opération se fait en multipliant ,
» dans chaque commune, le prix des trois journées
» de travail , par le nombre des individus pas-
» sibles de l'impôt , ce qui forme le contingent
» personnel. Le surplus du contingent total dé
» la commune forme son contingent mobilier. »

Après avoir donné un exemple matériel de
l'opération, il ajoute : « Tel est donc l'état de la
» législation , que le contingent mobilier ne peut
» être déterminé qu'après la fixation du contin-
» gent personnel. Il lui est subordonné. »

C'est ainsi qu'on procède dans toutes les communes de France. C'est ainsi qu'on opère à nos
portes, à la Croix-Rousse , dont les contributions
se payent à la ville. Là , le personnel y est sé-
paré du mobilier ; l'un est le même pour tous ,
à 6 fr. 3o cent. , cette année ; l'autre , quoique
modique, a pour base le loyer. Pourquoi les choses se passent-elles différemment à Lyon ? Pourquoi y fait-on précisément l'inverse ? Pourquoi
commence-t-on à séparer du contingent total la
somme de 32o,ooo fr. en remplacement d'une
partie de la contribution mobiliaire (voyez le
budget municipal), pour rejeter tout l'excédant,
sous le titre seul de personnel (voyez les feuilles),
tandis qu'il devrait y avoir du personnel et partie

du mobilier ? Il y a là une confusion, une réticence qui ne portent l'empreinte ni de la franchise, ni d'un droit positif; tout cela s'opère, nous dit-on, par la vertu magique d'un traité ; mais ce traité, qui stipule les droits et les charges des contribuables aussi bien que ceux de la mairie, pourquoi n'est-il connu que d'elle ? Ce traité peut bien déterminer une somme de 320,000 fr. mise à la charge de la mairie à telles conditions; mais dit il - qu'elle ne pourra, en aucun cas, être augmentée ni diminuée ? Articule-t-il expressément que c'est pour ne payer *qu'une partie* de la contribution mobiliaire ? ou bien , est-ce par suite d'une interprétation imaginée après coup ? Sans connaître ce traité mystérieux, dont je n'ai pas besoin, je dis que *non*, quant à la première question, et sur la seconde, que l'interprétation est fausse et vicieuse.

Pour prouver ce que j'avance, je n'ai besoin que de rappeler les motifs déjà expliqués qui ont fait mettre la contribution mobiliaire à la charge des grandes villes. Ce sont les embarras, les difficultés , les incertitudes et l'arbitraire qui étaient inévitables dans sa répartition. Séparer le mobile, l'éventuel de ce qui était essentiellement fixe et invariable, tel à été, tel a dû être le seul et unique but. Il eût été manqué , si on eût reservé une somme quelconque, toute modique qu'elle fût , à répartir à titre de

contribution mobiliaire. La partie se serait trou-
vée empreinte des mêmes vices que le tout ; il
n'y aurait eu que la différence du petit au grand.
Si donc le traité stipule la somme de 320,000 fr.,
payable à titre de contribution mobiliaire, c'est
que sans doute, à cette époque, le contingent
total ne s'élevait qu'à 360,000 fr. , sur lesquels
on fit distraction de 40,000 fr. réservés pour la
contribution personnelle (1).

   Mais, me direz-vous, les choses sont changées ;
le contingent dévolu à la ville a augmenté
depuis cette époque ; il peut augmenter encore
et notre caisse en souffre ! A cela je réponds :
que le principal des deux contributions est resté
le même ; que les centimes additionnels seuls
ont été en hausse et en baisse ; qu'il faut con-

(1) Je me rappelle que dans le tems, il fut dit dans
le public qu'on n'avait réservé cette somme modique
(puisqu'elle n'était que la 9.e partie du tout) , que pour
se donner le moyen et l'occasion de suivre les mouvemens de la population , d'avoir un prétexte pour les
visites faites, chaque année, par des commissaires ro-
deurs qui, après les questions relatives au nombre
d'individus, vous demandent bénévolement , quel est
le prix de votre loyer ; comme si la mairie ne le savait
pas plus au juste qu'on ne le leur dit. Ce motif me
paraît d'autant plus plausible , que, sans cela , il n'eût
pas valu la peine de détacher une aussi petite somme
pour la répartir en un si grand nombre de parcelles.

sidérer

sidérer votre traité comme un traité à forfait, à perte ou gain, que qui paye le principal doit payer les accessoires ; que vous avez reconnu cette vérité, puisque vous avez payé sans mot dire tous les accroissemens survenus depuis 1806 jusqu'en 1816, pendant dix années, dont deux, 1813 et 1814, ont subi un doublement complet. Que si le texte de votre traité eût été aussi précis que vous le prétendez, vos prédécesseurs, qui savaient aussi bien lire, comprendre et compter que vous, n'auraient pas manqué d'exciper d'une clause aussi positive ; qu'enfin, si vos finances ont pu éprouver quelque *déficit* par suite de ces charges extraordinaires, la taxe municipale *que nous avons payée*, vous a complètement remis au niveau.

Si ces raisons ne vous suffisent pas, je vais encore vous faire un petit compte précédé du dilème suivant :

J'admets que lorsque votre traité a été conclu, la somme, provenant de l'augmentation des octrois qui vous a été accordée en même tems, ne vous produisit tout juste que celle de 320,000 f. qui était mise à votre charge ; mais vous admettrez à votre tour que cette augmentation n'a pu être calculée que d'après un produit d'octrois basé sur la population d'alors. Nul doute que si la population eût diminué d'une manière notable, le produit des octrois n'eût diminué aussi dans la même pro-

B

portion; vous auriez pu vous trouver dans l'embarras de remplir vos engagemens, et, sans égard pour votre traité, vous auriez réclamé un dégrèvement ou une indemnité capable de vous rétablir au niveau, et il eût été de toute justice de vous l'accorder ; si au contraire, d'après vos propres états de population, elle était en 1806 de 99,681 individus, et s'élevait en 1820 à 133,858, il en resulte une augmentation de plus de 34,000 : de là accroissement proportionné dans la recette générale des octrois et dans la partie d'iceux affectée au paiement de la contribution mobiliaire ; et si je fais une règle de proportion d'après ces données, je trouve que ce qui rendait 320,000 fr. en 1806, a dû produire, en 1820, 428,800 f. qui ne peuvent avoir d'autre destination que de servir de complément à la contribution mobiliaire. Elle serait par trop absurde la prétention de conserver le *statu quo* pour les charges, lorsqu'il a changé pour les profits ; ajoutons encore que le surplus de population vous profite encore en raison des nouvelles cotes personnelles qui en résultent (1).

---

(1) Avec cet accroissement de population qui paraît ne devoir pas s'arrêter, si l'impôt d'ailleurs restait stationnaire, il pourrait y avoir un moment (si déjà il n'est arrivé), que les 520,000 f. de la mairie, plus le produit de la taxe personnelle au point où elle a été élevée, excédassent le contingent total dévolu à la ville

Je tiendrai ces données pour constantes tant qu'il ne m'aura pas été démontré que j'ai péché contre la logique ou contre Barrême.

Après avoir combattu le système de la mairie, quant au droit, il me reste à discuter le mode adopté par elle pour rejeter sur les contribuables tout ce qu'elle entend ne devoir pas payer.

Je consens à admettre, pour le moment, qu'elle soit fondée à ne payer que la somme de 320.000 f. *en remplacement d'une partie de la contribution mobiliaire*, ainsi qu'elle l'énonce dans ses budgets, et que tout l'excédant du contingent doit être à la charge des contribuables ; mais cet excédant n'en doit pas moins se composer de deux parties bien distinctes, savoir : 1.º le contingent de la contribution personnelle fixé, ainsi que je l'ai dit d'après le ministre des finances, à trois journées de travail du même prix pour

---

de Lyon ; dans quel embarras se trouverait la mairie ! Problème à résoudre !

Je crois devoir citer en preuve de l'augmentation croissante de population dont nous sommes menacés, cette phrase du discours de M. le préfet, à l'ouverture de la session du conseil-général du département ; après avoir parlé de l'état de prospérité de notre industrie, il dit : « Vous en aurez une idée, Messieurs, en appre-
» nant que dans la seule ville de Lyon il y a en ce moment
» environ 200 maisons en construction, qui n'ont pas
» attendu d'être achevées pour avoir leurs locataires. »

B **

tous sans distinction ; 2.º le solde de la contribution mobiliaire qui seul doit être réparti d'après
la base du loyer. La marche régulière à suivre
pour la répartition de ces deux cotes était de
revenir au mode précédent, conformément à la
feuille figurée dans la note ci-dessous (1).

Pourquoi la mairie ne s'y est elle pas confor-
mée ? voici comment je m'en explique la cause.

Si les contribuables, accoutumés depuis dix
ans à ne voir sur leurs feuilles que le titre de
contribution personnelle, y eussent vu figurer à
l'improviste celui de contribution mobiliaire , le
plus grand nombre aurait ouvert les yeux , se
serait rappelé que la ville était chargée de la
payer pour eux ; il y aurait eu des plaintes , des

Mobilier.

Extrait du rôle de la contribution personnelle, mobiliaire et somptuaire de l'an xiii (1805).

N. Dont l'habitation est évaluée à 800 f., doit pour
principal, centimes additionnels et réimpositions :

Cote personnelle , à raison de 3 journées de travail,
fixée à 1 f. 25 c. pour chaque journée . . 3 f. 69 c.

Taxe somptuaire. 5   54

Cote mobiliaire à raison de 12 cent. $\frac{6}{100}$
par franc du montant du loyer. 96   48

105   71

Voilà comme on avait alors la bonté d'édifier les
contribuables.

réclamations ; il s'en serait suivi des explications qui n'auraient pas été à l'avantage du système qu'on voulait introduire , tandis qu'en conservant l'unique désignation de personnelle , on pouvait se promettre que la tourbe bénévole des contribuables n'y verrait qu'une augmentation sans doute fondée en droit ; et c'est ce qui est arrivé. Quatre ans se sont écoulés depuis ce coup d'autorité , et à quelques réclamations près , qui ont été écartées par la formule banale , l'usurpation s'est maintenue ; la plupart des contribuables a la bonhomie de croire qu'elle ne paye que le personnel , et si on réclame ce n'est plus que pour disputer sur l'évaluation du loyer.

Au lieu du mode dont j'ai parlé , seul légal , seul régulier , la mairie en a adopté un plus facile , plus expéditif et plus propre surtout à se prêter à ce maudit arbitraire qui se glisse partout. Elle avait déjà des tarifs de classes pour la première répartition de 40,000 f. ; on a trouvé tout simple d'en créer de nouveaux , d'augmenter les anciens pour arriver à un maximum de taxe de 150 f. qui n'est là , au reste , que pour la forme , car on ne trouverait pas dans les rôles quatre cotes à ce taux.

Il ne sera pas difficile de démontrer combien ce mode est vicieux dans son principe , dans son application et dans ses conséquences.

S'il est des lois dont le texte et l'esprit doivent

être suivis avec la plus scrupuleuse rigueur, ce sont sans contredit celles des finances , parce que c'est la partie la moins gracieuse de tous les gouvernemens. Or il est de l'essence de la contribution personnelle d'être à un taux fixe, égal pour tous , réglé à la valeur de trois journées de travail. Sans rechercher ni discuter les motifs qui ont déterminé le mode particulier affecté à cette contribution, on pourrait dire qu'à raison même de sa modicité et de son application universelle , on a voulu en faire le type de cette égalité pour laquelle on a tant raffolé. Quoi qu'il en soit , tant que le pouvoir législatif lui conservera sa dénomination et son caractère propre , tant qu'elle sera la règle commune à toute la France , il ne peut appartenir à une administration, qui n'est qu'en quatrième et dernière ligne de la hiérarchie des pouvoirs répartiteurs , de la dénaturer en quoi que ce soit. Voilà pour la violation des principes : passons au mode de répartition qu'on a mis à la place.

L'application en est faite , ainsi que je l'ai annoncé , au moyen de classes de loyers et de tarifs qui suivent entr'eux une progression remarquable par ses irrégularités. Par exemple , les loyers de cent francs jusqu'à 600 f. sont taxés à raison de 5 pour cent ; en sorte que le loyer de 600 f. est à 30 f. ; puis celui de 700 f. est à 40 f. ; ce qui fait 5 3/4. Celui de 800, à 50 f., sur le pied de 6 1/4 ; celui de 1000 f. , à 60. f. ou six pour cent. Cela continue à peu près au même taux jusqu'à 2400 f. et au-dessus indéfiniment. On remarque surtout dans cette gradation bizarre que le loyer de 800 f. , qui n'est certainement pas un loyer de luxe pour beaucoup de pères de famille , est le plus imposé en proportion , et que le loyer de 3000 f. , taxé à 150 f. , ne paye que dans la même proportion que les classes inférieures. Si l'on cherche à démêler quel est l'esprit qui a présidé à la rédaction de ces tarifs , on n'y voit autre chose , sinon que , pour plus de commodité , on a préféré les comptes ronds par dizaine , et qu'on a eu pour but principal de favoriser l'aristocratie des gros loyers. S'il en était autrement , dès le moment que , s'écartant d'un taux uniforme , on en a adopté un proportionnel , il était de rigueur de rendre la proportion toujours croissante , afin d'atteindre plus fortement les loyers dont le haut prix indique nécessairement le luxe et la richesse.

Outre ces vices essentiels , qui frappent tous les yeux , il en dérive d'autres qui ont besoin de quelques développemens.

On voit , d'après ces tarifs , que la contribution personnelle est l'équivalent d'un impôt de cinq à six et un quart pour cent sur les loyers d'habitation des contribuables qui en sont passibles. Et , sous ce rapport , on peut la regarder comme une continuation à perpétuité de la bienheureuse taxe municipale ; or, on sait que par le moyen adroit qui a été employé de faire répartir la taxe municipale par les propriétaires de maisons entre leurs locataires, la mairie à eu une connaissance de la valeur des loyers qu'elle n'eût jamais obtenue par aucune autre voie. On sait encore que le taux moyen d'après lequel les locataires ont payé ladite taxe s'est trouvé n'être que de cinq pour cent au lieu de douze ; ainsi on peut dire que la fille égale au moins, si elle ne surpasse en force, sa digne mère (1).

Cela posé, comme il est connu que la taxe municipale sur les loyers a produit chaque année la somme de 420,000 f., je raisonne ainsi : 420,000 f. de taxe au denier vingt supposent au moins 8,400,000 f. de loyer ; j'en déduis la moitié pour la partie des magasins, ateliers, comptoirs, etc., qui était passible de la taxe municipale, et qui n'est pas de la personnelle, il en reste 4,200,000 f. pour loyers d'habitation imposables, qui, à cinq pour cent, devraient élever la contribution personnelle à 210,000 f. en cavant au plus bas.

______

(1) Que chaque contribuable, qui n'a qu'un loyer d'habitation, sans magasin ni comptoir, etc., veuille prendre la peine de comparer ses feuilles de taxe municipale et celles du personnel, et il verra, s'il n'est pas des favorisés, que cette dernière égale au moins, si elle ne surpasse, la première ; pour mon compte, je suis à 60 f. de personnelle ; ma taxe municipale était de 50 f. J'ai fait d'autres vérifications dans le même genre.

Trouve-t-on ces données trop vagues, je puis faire le thème d'une autre facon, et l'almanach de la ville va me servir de rudiment.

J'y trouve des tableaux de recensement de population dont un me présente, 1.° 2788 ménages de rentiers et haut commerce. En les soumettant à la taxe moyenne de 3o f., qui est celle du modeste loyer de 6oo f., elle produit une somme de 83,64o f. ; 2.° 498o ménages de commerce moyen, que je me borne à imposer à dix francs qui me fournissent 49,8oo f. ; 3.° 14,4o2 ménages de petit commerce, que je réduis à 5 f., et qui ne m'en rapportent pas moins 72,o1o f. ; je ne compte pas 21,ooo ménages d'artisans de tous genres, et d'ouvriers en soie dont un grand nombre serait dans le cas de supporter une taxe : les trois sommes ci-dessus réunies montent à 2o5,45o f. que devrait produire la taxe personnelle.

Voici enfin ma troisième supposition qui me paraît la plus décisive.

Je rêve un moment que je me trouve investi du pouvoir de rétablir la contribution personnelle dans sa pureté et son intégrité primitives en la fixant à la valeur de trois journées de travail. J'élève le prix de la journée au *maximum* légal qui est d'un franc 5o c. ; j'ajoute à leur produit les 5o c. additionnels, et ma taxe est de 6 f. 75. c. ; je reviens à mes tableaux de population qui m'apprennent que la ville renferme 43,845 ménages; j'en affranchis 13,845, comme indigens ou impuissans à payer la taxe, et les 30,000 imposables qui me restent, multipliés par 6 f. 75 c., me produisent la somme de 202,500. fr.; je contente et mets à l'aise beaucoup de monde, et s'il y a quelques plaignans, je leur oppose *la loi exempte de tout arbitraire.*

La concordance qui se trouve entre les résultats de ces trois hypothèses me permet de tirer la conséquence que la contribution personnelle, sur le pied qu'elle est répartie d'après la base des tarifs, doit s'élever à plus de 200,000 f.; si cependant, ainsi que je l'ai dit, il n'a été réparti en 1817 qu'environ 120,000 fr., et en 1820, 140,000 f., il faut en conclure, ou que tous les contribuables ne sont pas imposés sur le même pied, ou qu'il y en a un bon nombre d'exceptés, ou pour mieux dire, qu'il y a de l'un et de l'autre. D'un autre côté, si l'on convenait que la contribution personnelle s'élève à 200,000 fr., il y aurait lieu de s'étonner d'abord du saut qu'on lui a fait faire en quatre ans, ensuite que cette somme jointe aux 320,000 fr. que la mairie nous fait la faveur de payer, qui font, réunies, le total de 520,000 fr., fussent la part de la ville de Lyon dans le contingent des deux contributions porté dans le budget général pour tout le département du Rhône à 838,500 fr.; c'est à la mairie à expliquer ce mystère.

Voici une autre question dont la solution est encore plus au-dessus de mes foibles lumières. Je vois des tarifs et des prix de loyers qui ne varient pas, et qui dans une année auront produit un contingent quelconque de recettes, avec un nombre donné de contribuables. Si rien ne change, l'année suivante, le résultat sera le même ; nulle difficulté. Mais il y a là deux choses qui peuvent varier en plus ou en moins : le contingent à répartir en personnel et le nombre des contribuables. Eclaircissons ceci par un exemple : je suppose, comme cela est vrai, que le contingent soit le même en 1821 qu'en 1820 ; mais le nombre des contribuables a augmenté de 500 (1); fera-t-on la répartition d'après les tarifs adoptés ? la recette alors excédera le contingent. Cet excédant que deviendra-t-il ? il y aurait conscience de la part de la mairie de le faire porter en déduction de ses 320,000. fr. S'il arrive dans la caisse du receveur-général, ne sera-t-il pas étonné qu'on lui fasse plus que son compte ? si

---

(1) Ce n'est point au fait une supposition. Je tiens du distributeur de feuilles de mon quartier, qui n'est pas l'unique dans le canton, qu'il en a porté 500 de plus que l'année précédente. Je puis bien en supposer le même nombre dans les deux autres cantons, d'autant qu'il faut bien des ménages pour remplir les 200 maisons qui sont dans le discours de M. le Préfet.

au contraire on se résigne à ne répartir tout juste que la somme voulue , il sera de toute nécessité de diminuer ou le tarif des classes , ou la valeur estimative des loyers d'une quantité proportionnelle qui ramènerait les calculs fractionnaires qu'on a trouvé plus commode de remplacer par des comptes ronds. Comme cela ne s'est pas encore vu , mon intelligence est encore en défaut , et comme je suis bien aise de m'instruire , je propose une médaille de la valeur de cent francs au plus habile de la gent fiscale qui résoudra ce problème d'une manière claire et positive.

Je n'ai pas besoin d'en dire davantage pour convaincre que ce mode de répartition est une invention toute fiscale, qui a eu pour but principal de régler à son gré la quotité de l'impôt et de donner la plus grande latitude aux abus , à l'arbitraire, aux exceptions, aux faveurs, pour les appliquer à discrétion aux fonctionnaires publics , grands , moyens et petits, aux protecteurs, aux protégés, aux collègues , aux parens, aux amis, etc. , de tous et un chacun de ceux qui partagent les douces fonctions de répartiteurs, fabricateurs de rôles et autres *ejusdem farinœ*.

Ce que je dis ici ne porte pas sur des conjectures , de simples soupçons ; j'ai connaissance de quelques exceptions ou faveurs dans diverses classes , même du haut parage ; je m'abstiendrai de les désigner à moins que je n'en sois requis ;

je me charge d'en découvrir un bon nombre , si
l'on veut me permettre de faire le contrôle des
rôles, l'almanach à la main. Les affiches des listes
électorales de 1820 en ont fait connaître plusieurs
qui ont été remarquées et répétées de bouche
en bouche. Témoin encore la lettre insérée dans
la Gazette Universelle de Lyon, du 1.er décembre
1820, dont l'auteur, qui signe D. M., d'après la
lecture du tableau des électeurs du département
du Rhône, se permet les réflexions suivantes :
« Comment se fait-il que le rôle des contribu-
» tions personnelle et mobiliaire qui devrait être
» proportionné à la fortune de tous les citoyens,
» présente au premier coup d'œil le tableau d'in-
» justices révoltantes ; on y voit des propriétaires
» jouissant de 40 , 50 et même 60 mille livres de
» rente, occupant des appartemens proportionnés
» à leur revenu et au rang qu'ils tiennent dans
» la société, portés dans les rôles pour la modique
» somme de 20 f., 17 f., et même 15. f., tandis que
» d'autres simples particuliers , pères de famille ,
» sans fortune et sans ton , sont taxés 30 , 40 et
» jusqu'à 50 f. ; ne serait-il pas à désirer, etc. »

Que la mairie y prenne garde : l'abus du
pouvoir engendre l'arbitraire ; l'arbitraire amène
les faveurs ; les faveurs dégénèrent en priviléges ;
il n'y a plus qu'un pas à faire pour arriver à la
féodalité ; *monstrum horrendum , informe , in-
gens !*

Mais, me dira-t-on, à quoi bon tant de verbiage pour quelques écus que l'on vous soutire le plus doucement possible ? tout ce qu'on en fait est pour votre bien, pour l'embellissement de votre ville ; voyez nos budgets de 1820 et 1821, enflés de plus de 600,000 fr. de dépenses extraordinaires, dont la majeure partie est affectée à cet emploi ! Voyez les fonds appliqués au rétablissement de la statue équestre qui vous a déjà apparue en découpure enluminée ! *Voyez maints sentiers étroits ouvrant aux chars une vaste arène !* Voyez cette pompe merveilleuse qui fait avaler du vin aux salariés, avant de faire boire de l'eau à la partie payante (1)! Voyez, etc.

En tout, on ne peut qu'applaudir aux bonnes intentions ; mais, en faisant tant de choses à la fois, a-t-on bien le tems de méditer tous ses projets avec la prévoyance nécessaire, et d'en surveiller

---

(1) Ces pensées heureuses sont dérobées aux deux couplets suivans de la chanson de père et maire d'un poète municipal.

> Il parle et maint sentier étroit
> Ouvre aux chars une vaste arène ;
> On sait qu'il est plus d'un endroit
> Où l'on aime à passer sans peine.
>
> Grâce à lui l'onde va soudain
> Abreuver notre territoire ;
> Chantons donc en buvant du vin,
> L'eau que sa pompe fera boire.

la bonne exécution ? A-t-on bien calculé la portée de ses forces financières pour oser entreprendre le rétablissement d'une statue équestre, tandis que la capitale, avec toute la puissance des siennes, a laissé prendre, pour celle de Henri IV, l'initiative à une souscription commune à toute la France ? *L'eau que cette pompe fera boire* sera-t-elle bien salubre ? Peut-on se promettre d'être plus heureux que ses prédécesseurs, et que la sévère postérité sanctionnera les louanges des poètes contemporains ? Ne serait-il pas permis d'en douter à la génération présente, qui a vu faire et défaire tant de choses ?

Qui a vu planter, arracher et replanter des arbres dans nos places et nos trottoirs !

Qui a vu, en peu d'années, tracer et exécuter deux entrées au jardin des Plantes, paraître et disparaître les fontaine et barrière qui décoraient la première !

Qui a vu creuser et combler le bassin du jet-d'eau de la place S.t-Jean ; élever sur cette même place deux fontaines dont une seule verse encore, comme à regret, quelques larmes d'eau, tandis qu'ailleurs, elle voit des conduites d'eau sans fontaine !

Qui a vu celle surnommée le *Porte-Huilier*, se remuer, suivant l'expression lyonnaise, d'une place où elle se trouvait assez mal, à une autre où elle n'est guère mieux logée !

Qui a vu tant de changemens de destination faits au plan général arrêté pour le bâtiment de S.t-Pierre !

Qui a vu vendre, à la porte du palais du Commerce et des Arts, et à l'encan, la collection des métiers, machines et ustensiles de fabrique, dont quelques-uns rappelaient des noms historiques, pour les remplacer, *par ordre*, un ou deux ans après, par des modèles en miniature (1) !

Ne pourra-t-on pas dire, quelque jour, à cet atome de monument à prétention, érigé sur le pont du Change, que fais-tu là tout seul ? **Tu** occupes la place d'un des trottoirs que sollicite depuis long-tems l'intérêt des bras et des jambes des malheureux piétons qui le traversent (2).

Qui a vu construire cette halle au blés, **dont** on ne dira jamais : *monumentum perenniùs œre ;* puisque déjà il a fallu la cercler en fer pour la préserver d'une prochaine caducité (3) ?

---

(1) L'aveu de ce petit acte de vandalisme est consigné avec une naïveté édifiante dans le budget de 1820, chap. v, instruction publique et beaux-arts, art. 188, en ces termes :

« Confection de modèles représentant en petit les » anciens métiers qui étaient déposés au conservatoire » des arts, et qui ont été vendus 1690. fr.

(2) La ville de Châlon-sur-Saône vient de donner l'exemple d'une réparation aussi utile.

(3) En prêtant l'oreille à la rumeur publique, il eût

Mais

Mais, quand on accorderait que tout ce qui se fait est aussi bien conçu qu'exécuté, encore faudrait-il aller avec mesure, et ne pas prétendre refaire une ville dans le cours d'une mairie et demie. Qu'on cherche à grossir la caisse municipale par des économies bien entendues, par des moyens réguliers et légitimes, tous les bons citoyens applaudiront; mais faut-il vexer et écorcher les vivans pour béatifier la postérité ?

De tout ce que j'ai dit jusqu'à présent, je crois pouvoir en déduire les conclusions suivantes :

1.º Que tous les contribuables imposés à la contribution personnelle sont fondés à demander que cette contribution soit ramenée au seul mode régulier et légal qui lui a été affecté dès son origine, et qui est suivi, d'après les lois actuelles, dans toutes les communes de la France; que son contingent soit fixé à trois journées de travail qui, calculées au *maximum*, font en principal 4 fr. 50 c., et s'élèvent à 6 fr. 75 c., en y comprenant les 50 centimes additionnels tels qu'ils sont réglés pour cette année : que tous les domiciliés passibles de cette imposition y soient compris, sans exception d'aucun fonctionnaire, même des plus éminens ;

été facile de grossir le nombre de ces j'ai vu ; mais la plupart auraient demandé des détails, des développemens qui ne seraient pas entrés dans le cadre étroit de mon sujet.

C

2.º Que subsidiairement, et dans le cas où le contingent provenant d'une répartition générale ainsi faite, ne serait pas trouvé suffisant par la mairie, et qu'elle conservât la prétention de faire refluer une portion quelconque du contingent restant pour le mobilier, en accessoire du personnel, la question soit examinée et débattue par une commission nommée à cet effet, qui serait composée, pour une moitié, de membres du conseil municipal, et pour l'autre moitié, de contribuables choisis parmi ceux qui paient six et au-dessus, pour cent, de leur loyer (dans les discussions entre des intérêts opposés la justice veut que les deux parties soient appelées à les débattre);

3.º Que dans le cas où cette question serait jugée par la commission pour l'affirmative en faveur de la mairie, et qu'il y aurait un excédant à répartir à titre de mobilier, cette répartition soit faite conformément à la loi commune, à raison de tant de centimes par franc de la valeur du loyer, estimé d'après un taux légal et régulier (le tout exprimé sur les feuilles), et qu'en aucun cas il ne puisse être fait confusion de ces deux impositions, quoique réunies dans la même feuille;

4.º Et, afin que chaque contribuable aie le moyen de s'édifier, quand il le voudra, si sa cote est régulièrement établie, qu'au moment où les rôles de l'année sont mis en recouvrement par l'arrêté du Préfet, il soit affiché dans chaque bureau de recette des contributions, en gros caractères et dans une place apparente, un placard contenant l'énumération :

1.º Du contingent total des deux contributions personnelle et mobiliaire échu à la ville de Lyon ;

2.º La fixation du prix des trois journées de travail et des centimes additionnels qui doit former la cote personnelle de chaque contribuable ;

3.º Le nombre des contribuables passibles de cette contribution qui déterminera le montant total de la somme à laquelle il s'élève ;

4.º Ce qui restera à payer sur le contingent total, déduction faite de cette somme, et qui devra former le contingent mobilier ;

5.º Le montant de la somme que la mairie prendra pour son compte ;

6.º Enfin, le solde définitif restant à répartir sous la dénomination de supplément à la contribution mobiliaire, avec l'expression du nombre de centimes dont il se composera, tant sur ledit placard que sur les feuilles.

Il conviendrait, de plus, que ce placard fût tiré en certain nombre d'exemplaires, pour que chaque contribuable pût s'en procurer un pour son argent (1).

____

(1) Il serait à désirer que la même opération fût faite pour les trois autres contributions directes, foncière, portes et fenêtres et patentes, afin que chaque

C **

J'entends déjà toute la légion fiscale se récrier sur la besogne que ce mode lui prépare , sur la multitude de rôle s à remplir, de calculs minutieux à faire, et le tout pour ne récolter qu'une somme relativement assez modique ; je plains bien sincèrement ces Messieurs, et je suis de leur avis. Aussi je vais proposer un expédient de la plus grande simplicité, qui lève tous les obstacles, aplanit toutes les difficultés, supprime tout arbitraire, et, plus heureux que la mairie, je le puise dans une source pure, la loi sur les finances, ou budget de 1817, article 48, qui est conçu en ces termes :

« *Le remplacement du montant de la contribution personnelle et mobiliaire des villes ayant*

---

contribuable pût être édifié de la même manière ; car c'est une chose remarquable que , tandis que l'on connaît si bien par le budget général , et les discussions qui l'ont précédées, le contingent de chaque département. pour les quatre contributions directes , on reste dans l'ignorance la plus complète sur tout ce qui passe par la filière des conseils-généraux de département , des conseils d'arrondissement et des mairies. On dirait même que l'obscurité s'accroît à mesure que l'impôt s'approche de plus près du contribuable, et qu'il a plus d'intérêt à y voir clair. Ce ne sont pas là les formes du gouvernement représentatif ; la mairie se plaît à présenter chaque année , dans l'almanach de la ville et du département , des tableaux de population , du nombre

un octroi, pourra être opéré, à compter de 1817,
par une perception sur les consommations, d'a-
près la demande qui en sera faite aux Préfets
par les Conseils municipaux.

» *Le mode de perception pour remplacement*
sera réglé par des ordonnances. »

On ne peut s'empêcher de reconnaître, dans les
dispositions de cet article, l'intention bien mar-
quée de faire cesser toutes les difficultés, erreurs,
omissions, ou actes arbitraires qui sont insépara-
bles de la répartition de ces deux impositions.
Tels avaient été, ainsi que je l'ai déjà dit, les motifs qui, en 1806, avaient déterminé à faire payer,
par la caisse municipale, la contribution mobiliaire, comme plus particulièrement susceptible
d'incertitude et d'arbitraire dans sa répartition.
Plut à Dieu qu'on eût pensé alors, ainsi que le fait
l'article précité, à appliquer cette mesure aux deux
contributions réunies! nous n'en serions pas réduits
à réclamer à présent contre les empiétemens illi-
cites que la mairie s'est permis, en introduisant
l'arbitraire dans le personnel qui ne pouvait ni

---

de ménages, de métiers de fabrique, de tulle, etc. ;
tout cela est fort bien, mais ce n'est après tout qu'un
objet de curiosité pour le plus grand nombre, tandis
que des tableaux dans le genre de ceux qui font l'objet
de mon vœu, seraient d'une utilité générale et ne de-
manderaient pas deux pages d'impression.

ne devait en être susceptible. Il aurait fallu aussi prévoir que la modicité de la taxe personnelle, restée seule, ne valait pas la peine des frais de répartition et de recouvrement, supportés auparavant par les deux.

L'application de cet article à la ville de Lyon se trouve donc déjà faite pour les 7/8.es. Il n'y a plus qu'un pas à faire pour la compléter. Deux choses suffisent pour cela : les moyens pécuniaires et puis la volonté.

Quant aux moyens, il n'est pas besoin, pour se les procurer, d'avoir recours à une augmentation des droits d'octrois ; je me garderais bien de la proposer ; ils ne sont déjà que trop élevés dans l'intérêt de l'industrie manufacturière. Mais qui ne voit dans la situation actuelle des finances de la ville, telle que ses budgets la présentent, un état tellement prospère qu'il ne lui permette de supporter cette charge sans s'en apercevoir ? L'accroissement progressif de la population qu'elle proclame elle-même dans son almanach, lui en assure un proportionné dans ses revenus. Je n'en veux d'autre preuve que l'augmentation de 58,000 francs, que la recette des octrois a subie dans l'année 1820, d'après le compte administratif rendu par le Maire en 1821 (1). Cette opération

____

(1) Je dois ajouter que, depuis 7 ans, la mairie s'est procuré un accroissement de revenus sur ses octrois,

serait l'affaire de deux traits de plume. Effacer
cent mille francs et plus, s'il le faut, du chapitre
des dépenses extraordinaires, et en reporter autant à celui des dépenses ordinaires ; voilà tout le
mystère.

Il ne s'agit plus que de la volonté. Mais *hoc
opus*, *hic labor !* Je sens qu'il faudrait pour cela
renoncer à quelques projets d'embellissement déjà
conçus, en ajourner d'autres dont l'exécution pouvait être prochaine, se résigner au sacrifice de
quelques sourires de l'amour-propre, etc. Je m'en
réfère là-dessus à ce que j'ai dit précédemment.
Mais qu'il me soit permis de mettre en opposition
le soulagement, encore plus moral que pécuniaire,
résultant pour la multitude des administrés qui
peut bien aussi être de quelque poids dans la
balance, la diminution de travail, la suppression
d'une compagnie d'employés, les économies qui
en seraient le résultat immédiat, etc.

---

qui est devenu permanent à perpétuité, quoiqu'il n'eût été
établi dans le principe que pour des besoins qui n'étaient
que temporaires. Je veux parler du droit établi, en 1814,
sur les matériaux de construction, tels que pierres de taille
et muraires, chaux, mortier, plâtre, bois de toutes
espèces. Je crois qu'on ne peut pas évaluer le produit
de ce droit à moins de 60 à 80,000 fr. dans ces années
où l'on construit des maisons par centaines.

On trouvera à la suite de cet écrit quelques observations rédigées, il y a quelques années, pour prouver

On se dit à l'oreille que la mairie ne cherche à embrasser tant d'objets de dépenses à la fois que pour se créér toujours des besoins, et n'avoir jamais de superflu qui pût tenter le gouvernement. S'il en était ainsi, voilà une belle occasion de l'appliquer à une œuvre bien autrement méritoire, qui vaudrait une ample récolte de bénédictions sans aucun arrière-goût.

Je livre ces réflexions à la méditation de *nos pères concrits.*

On a pu reconnaître que dans l'exposé des griefs que je viens de passer en revue, et dont j'estime que la majeure partie doit être imputée à la bureaucratie du bas clergé, j'ai cherché à éviter toute personnalité ; je ne m'en suis pris qu'à la mairie, en nom collectif, je devrais même dire les mairies, car il est notoire que l'acte d'envahissement de 1817, est le fait d'une administration antérieure. La présente n'a fait qu'étendre les limites ; tout en plaignant le chef de l'administration actuelle de ne pas connaître tout ce

---

combien ces droits étaient impolitiques et contraires aux intérêts des propriétaires de maisons dans la ville. Elles ont été lues dans le tems en présence de l'oracle, et je n'oublierai pas de sitôt l'une des réponses qu'il me fit à ce sujet. C'est que les constructions étaient à meilleur marché depuis que le droit était établi. *Voilà ce qui s'appelle puissamment raisonner !*

qui peut se faire de mal en son nom, je l'honore autant qu'il mérite de l'être, et je ne crois pas pouvoir en donner de meilleure preuve que de le placer entre l'alternative des deux inscriptions suivantes :

<table>
<tr><td>GLOIRE
ET FUMÉE.</td><td>MÉMOIRE
DU CŒUR.</td></tr>
<tr><td>Il fit tel monument.
La postérité l'approuvera-t-elle ?
Ses successeurs le respecteront-ils ?</td><td>Il contribua à délivrer ses administrés de la contribution personnelle qui était devenue arbitraire et vexatoire.
Ses successeurs n'oseront jamais la rétablir !</td></tr>
</table>

OBSERVATIONS

Relatives aux droits d'entrée sur les matériaux de construction, établis depuis l'année 1814.

J'avais rédigé les observations suivantes, pour en faire le sujet d'une pétition à présenter à l'administration municipale ; je crois à propos de les faire connaître comme une preuve de plus à ajouter à tout ce que j'ai dit sur le système de fiscalité qui s'y est introduit et qui va toujours en croissant ; on m'a contesté la vérité des motifs qui avaient donné lieu à l'établissement de ces droits ; comme rien dans le tems n'a été publié, ni affiché par l'autorité à cet égard, suivant la louable coutume, et que je n'ai eu pour guide que ma mémoire, il pourrait bien se faire que je me fusse trompé sur cet objet seulement. Mais il n'en résulte pas moins que le droit existe, que les finances de la ville n'en ont pas besoin et qu'il pèse trop particulièrement sur les propriétaires d'immeubles.

Lorsque l'octroi municipal fut établi sur la proposition du conseil municipal et d'après l'autorisation du gouvernement, on s'attacha à ne faire porter les droits que sur des objets de consommation générale qui furent divisés en quatre classes distinguées sous le titre de *boissons ; comestibles, combustibles, fourrages ;* le tarif de ces droits, et le dénombrement des articles qui y sont sujets, imprimés dans tous les almanachs de la ville jusques et y compris 1813, ne portent que sur ces quatre classes. Il n'y est question d'aucun droit sur les matériaux de construction. Lorsque les droits d'octroi éprouvèrent des variations, en plus ou en moins, ce fut toujours d'après l'autorisation du gouvernement et dans les formes accoutumées.

Tel avait été l'état des choses jusqu'en 1814, époque de la première invasion. Alors les droits réunis furent supprimés, par le fait même de l'occupation étrangère, dans tous les départemens où elle eut lieu. S. A. R. MONSIEUR, en entrant en France avec le titre et les pouvoirs de lieutenant-général du royaume, avait promis l'abolition des droits réunis et de la conscription ; mais, lorsqu'àprès la rentrée du Roi , les chambres furent assemblées , ses ministres y vinrent annoncer , en son nom , que l'état des finances du royaume ne permettait pas de se passer du produit de ce premier impôt. Son rétablissement fut consenti. Lorsqu'il fut question de l'effectuer dans la ville de Lyon, le conseil municipal crut devoir le rendre moins sensible en le débarrassant de ce qu'il avait de plus odieux , l'exercice à domicile pour le droit de vente en détail, en le remplaçant par un abonnement convenu avec la régie et payé par la caisse municipale. Il fallait pourvoir à cette nouvelle, charge. A cet effet on augmenta les droits d'entrée sur les vins d'un franc cinquante centimes. Et comme le produit de cette augmentation fut jugé insuffisant, on y ajouta par supplément le droit en question sur les divers matériaux de construction. Mais à la fin de l'année, c'est-à-dire , au 1.ᵉʳ janvier 1815 , la ville cessa de payer l'abonnement ; le droit d'exercice sur la vente en détail fut rétabli , l'augmentation faite sur les entrées de vins fut retranchée, mais on laissa subsister le droit sur les matériaux de construction comme chose *bonne à garder* ; cependant, comme la possession n'était pas encore bien assurée , et qu'on pouvait craindre des réclamations , on se garda bien d'insérer le tarif relatif à ces nouveaux droits dans l'almanach de 1815. On ne s'enhardit à le faire que dans celui de 1817, où on le voit figurer à la suite des anciens ; en 1818 on y trouve un petit accroissement d'un droit sur le mortier qui avait été mal-adroitement oublié; on ne manquera pas de le voir porté au complet par l'insertion de quelques articles échappés à la vigilance fiscale.

On n'examinera pas jusqu'à quel point cet impôt pouvait être illégal , même dans son origine , parce que les circonstances d'alors pouvaient faire tolérer l'oubli des formes obligées , et que d'ailleurs le motif pouvait présenter, pour le moment, quelques convenances. Mais la cause ayant cessé, il n'y avait pas de raison pour continuer la perception du droit , si ce n'est pour confirmer l'axiome reçu que *tout impôt fait tache d'huile*.

Voudra-t-on dire à l'appui que le déficit qu'à essuyé le produit des octrois dans les années 1816 et 1817 , dut en nécessiter la continuation. Ces prétextes ne seraient plus admissibles à présent que la taxe municipale dont le produit, surpassant les espérances, a comblé, et peut-être au-delà, tous les arriérés possibles ; à présent que, grâce au retour de l'abondance de toutes choses , les recettes de la ville se trouvent dans un état prospère , qu'on éxécute des travaux d'utilité et d'embellissemens publics; à présent , enfin , qu'on voit le budget municipal de 1820 offrir le tableau satisfaisant de recettes qui s'élèvent à 2,300,000 fr., et de dépenses extraordinaires dépassant 600,000 fr.

L'impôt sur les matériaux de construction se trouve donc tout à la fois frappé du double reproche d'illégalité et d'inutilité ; il présente en outre les inconveniens suivans :

1° Un principe suivi dans l'établissement des octrois municipaux, c'est qu'il ne doivent porter que sur des objets de consommation générale , parce que tous, participant aux avantages de la cité , il est juste que tous contribuent à ses charges. Or l'impôt sur les matériaux de construction pèse presque en totalité sur les propriétaires qui ne sont pas la classe la plus nombreuse , ni la plus riche;

2°. Il blesse les intérêts de la cité en général, en ce qu'il tend à augmenter les frais de construction ou de réparations , et par suite le prix des loyers ; il favorise d'autant les constructions hors de l'enceinte et dans les faubourgs , qui sont déjà multipliées d'une manière effrayante ; en sorte qu'on pourrait dire que les octrois de la ville ont peut-être plus perdu par le fait de cette augmentation dans le prix des matériaux de construction , que leur produit n'a reçu d'accroissement par la recette que ces droits ont procurée ;

3.° Ces droits étant plus nouveaux , et leur tarif étant moins généralement connu que les anciens, quand ce sont des particuliers surtout qui font entrer ces matériaux en quantités minimes et pour lesquelles on ne donne pas de reçu , on est exposé à la double chance de l'arbitraire ou de la fraude, soit de la part du commis percepteur, soit de la part du domestique ou voiturier étranger qui a payé le droit.

C'est d'après ces considérations, et attendu que le corps municipal n'a pas le droit d'établir des impôts de quelque nature qu'ils soient, et sous quelque prétexte que ce puisse être, sans suivre les formes prescrites par les lois, et notamment par une toute récente qui prescrit l'adjonction au conseil municipal de vingt des plus notables d'entre les propriétaires ou habitans de la commune, toutes les fois qu'il peut être question de la création de nouveaux droits municipaux ou de l'augmentation des anciens; attendu, en outre, qu'il est constant que la caisse municipale, dont les recettes, suivant son budget de 1820, s'élèvent à 2,300,000 fr., en a plus qu'il ne lui en faut pour faire face à ses dépenses obligées, les soussignés demandent que la perception des droits établis sur les matérianx de construction soit supprimée dans le plus bref délai.

FIN.

IMPRIMERIE DE THÉODORE PITRAT, RUE DU PÉRAT, N.º 28.